# Das Komplette BBQ-Kochbuch Für Einsteiger

Der Komplette Leitfaden Mit Den Besten Techniken, Strategien Und Tipps, Die Sie Brauchen, Um Ihren Grill Zu Beherrschen

## Nathan King - Stefan Berger

**Hinweis auf den Haftungsausschluss:**

Bitte beachten Sie, dass die in diesem Dokument enthaltenen Informationen nur zu Bildungs- und Unterhaltungszwecken dienen. Alle Anstrengungen wurden unternommen, um genaue, aktuelle und zuverlässige und vollständige Informationen zu präsentieren. Es werden keine Garantien jeglicher Art erklärt oder impliziert. Die Leser erkennen an, dass der Autor sich nicht an der rechtlichen, finanziellen, medizinischen oder professionellen Beratung beteiligt. Der Inhalt dieses Buches wurde aus verschiedenen Quellen abgeleitet. Bitte wenden Sie sich an einen lizenzierten Fachmann, bevor Sie die in diesem Buch beschriebenen Techniken ausprobieren.

Mit der Lektüre dieses Dokuments erklärt sich der Leser damit einverstanden, dass der Autor unter keinen Umständen für direkte oder indirekte Verluste verantwortlich ist, die durch die Verwendung der in diesem Dokument enthaltenen

Informationen entstehen, einschließlich, aber nicht beschränkt

auf Fehler, Auslassungen oder Ungenauigkeiten.

# Inhaltsverzeichnis

# Einleitung

Vielen Dank für den Kauf *Das Komplette BBQ-Kochbuch Für Einsteiger: Der Komplette Leitfaden Mit Den Besten Techniken, Strategien Und Tipps, Die Sie Brauchen, Um Ihren Grill Zu Beherrschen.*

Eine alte Methode des Kochens, die von einer unvermeidlichen Notwendigkeit in eine angenehme Gelegenheit für Mittag- oder Abendessen mit Freunden unter freiem Himmel verwandelt wurde. Der Grill ist die beste Kochmethode, um den authentischen Geschmack von Fleisch zu schätzen und heute werden wir zusammen die Kochtechniken sehen, welche Grill zu verwenden, die idealen Arten von Fleisch zuzubereiten und sogar, wie man Pizza auf diesem Herd zu kochen. Es gibt viele Grillrezepte, die wir vorschlagen können, für einzigartige Gerichte und majestätische Hauptgerichte, bis zu einem ungewöhnlichen Dessert.

# Chicken & Beef Rezepte

# Traeger geräucherte Cornish Hens

Zubereitungszeit: 10 Minuten

Kochzeit: 1 Stunde

Portionen: 6

Zutaten:

• 6 Kornhühner

• 3 EL Rapsöl

• 6 EL reiben

Wegbeschreibungen:

1. Heizen Sie Ihren Traeger auf 275°F vor.

2. Mittlerweile reiben Sie die Hennen mit Rapsöl dann mit Ihrem Lieblings-Reiben.

3. Stellen Sie die Hennen auf den Grill mit der Brustseite nach unten. Rauch für 30 Minuten.

4. Flip die Hennen und erhöhen Sie die Traeger-Temperatur auf 400°F. Kochen, bis die Innentemperatur 165°F erreicht.

5. Entfernen Sie die Hennen vom Grill und lassen Sie für 10 Minuten vor dem Servieren ruhen.

Ernährung:

- Kalorien: 696

- Fett: 50g

- Protein: 57g

- Faser: 0g

- Natrium: 165mg

# Traeger Gegrillte Büffel Huhn Beine

Zubereitungszeit: 30 Minuten

Kochzeit: 1 Stunde 15 Minuten

Portionen: 8

Zutaten:

•12 Hühnerbeine

•1/2 EL Salz

•1 EL Büffelwürze

•1 Tasse Büffelsauce

Wegbeschreibungen:

1.Heizen Sie Ihren Traeger auf 325°F vor.

2.Die Hähnchenschenkel in Salz und Würze dann auf den

vorgeheizten Grill legen.

3.Grill für 40 Minuten drehen zweimal durch das Kochen.

4.Erhöhen Sie die Hitze und kochen Sie für 10 weitere

Minuten. Die Hähnchenschenkel putzen und mit Büffelsauce

bürsten. Kochen Sie für weitere 10 Minuten oder bis die

Innentemperatur 165°F erreicht.

5.Entfernen Sie aus dem Traeger und bürsten Sie mit mehr Büffelsauce.

6.Serve mit Blaukäse, Sellerie und heiße Ranch.

Ernährung:

• Kalorien: 956, Fett: 47g,

• Protein: 124g, Ballaststoffe: 0g,

• Natrium: 1750mg

# Traeger Gegrilltes Büffelhuhn

Zubereitungszeit: 5 Minuten

Kochzeit: 20 Minuten

Portionen: 6

Zutaten:

•5 Hähnchenbrust, ohne Knochen und ohne Haut

•2 EL hausgemachte stol.

•1 Tasse hausgemachte Cholula Buffalo Sauce

Wegbeschreibungen:

1.Den Traeger auf 400°F vorheizen.

2.Schneiden Sie die Hähnchenbrust längs in Streifen. Die

Scheiben mit Grill reiben würzen.

3.Stellen Sie die Hühnerscheiben auf den Grill und malen Sie

beide Seiten mit Büffelsauce.

4.Cook für 4 Minuten mit dem Deckel geschlossen. Die Brüste

umdrehen, mit Sauce wieder bemalen und kochen, bis die

Innentemperatur 165°F erreicht.

5.Entfernen Sie das Huhn aus dem Traeger und servieren, wenn warm.

Ernährung:

- Kalorien: 176

- Fett: 4g

- Protein: 32g

- Faser: 0g

- Natrium: 631mg

# Glasierte Hähnchenschenklchen

Zubereitungszeit: 15 Minuten

Kochzeit: 2 Stunden und 5 Minuten

Portionen: 4

Zutaten:

• 2 Knoblauchzehen, gehackt

• 1/4 Tasse Honig

• 2 EL Sojasauce

• 1/4 TL rote Pfefferflocken, zerkleinert

• 4 (5-oz.) hautlose, knochenlose Hähnchenschenkte

• 2 EL Olivenöl

• 2 TL süßes Reiben

• 1/4 TL rotes Chilipulver

• Frisch gemahlener schwarzer Pfeffer nach Geschmack

Wegbeschreibungen:

1.Stellen Sie die Temperatur des Grills auf 400°F und

vorheizen mit geschlossenem Deckel für 15 Min.

2.In einer Schüssel Knoblauch, Honig, Sojasauce und

Paprikaflocken und mit einem Drahtbesen, schlagen, bis gut

kombiniert.

3.Mantel Hähnchen Schenklchen mit Öl und würzen mit

süßen Reiben, Chilipulver und schwarzer Pfeffer großzügig.

4.Ordnen Sie die Hähnchentrommelstangen auf den Grill und

kochen Sie für ca. 15 Min. pro Seite.

5.In den letzten 4–5 Minuten kochen, die Oberschenkel mit

Knoblauchmischung beschichten.

6.Sofort servieren.

Ernährung:

• Kalorien: 309

• Kohlenhydrate: 18.7g

• Protein: 32,3 g;

• Fett: 12.1g

• Zucker: 17.6g

• Natrium: 504mg

• Faser: 0.2g

# Cajun Hühnerbrüste

Zubereitungszeit: 10 Minuten

Kochzeit: 6 Stunden

Portionen: 6

Zutaten:

• 2 Pfund hautlose, knochenlose Hähnchenbrust

• 2 EL. Cajun Würze

• 1 Tasse BBQ-Sauce

Wegbeschreibungen:

1. Stellen Sie die Temperatur des Grills auf 225°F und vorheizen mit geschlossenem Deckel für 15 Min.

2. Reiben Sie die Hähnchenbrust mit Cajun Würze großzügig.

3. Legen Sie die Hähnchenbrust auf den Grill und kochen für etwa 4-6 Stunden.

4. Während der letzten Stunde des Kochens, beschichten Sie die Brüste mit BBQ-Sauce zweimal.

5. Serve heiß.

Ernährung:

- Kalorien: 252 Kohlenhydrate: 15.1g

- Protein: 33,8 g;

- Fett: 5.5g

- Zucker: 10.9g

- Natrium: 570mg

- Faser: 0.3g

# BBQ Sauce Erstickte Hühnerbrüste

Zubereitungszeit: 15 Minuten Kochzeit: 30 Minuten

Portionen: 4

Zutaten:

• 1 TL Knoblauch, zerkleinert

• 1/4 Tasse Olivenöl

• 1 EL Worcestershire Sauce

• 1 EL süße Mesquite-Gewürz

• 4 Hähnchenbrust

• 2 EL normale BBQ-Sauce

• 2 EL würzige BBQ-Sauce

• 2 EL Honig Bourbon BBQ Sauce

Wegbeschreibungen:

1. Stellen Sie die Temperatur des Grills auf 450°F und vorheizen mit geschlossenem Deckel für 15 Min.

2. In eine große Schüssel, mischen Sie Knoblauch, Öl, Worcestershire-Sauce und Mesquite-Gewürz.

3. Mantel Hähnchenbrust mit Gewürzmischung gleichmäßig.

4.Put die Hähnchenbrust auf den Grill und kochen für ca. 20-30 Min.

5.Mittlerweile in einer Schüssel, mischen Sie alle 3 BBQ-Saucen.

6.In die letzten 4–5 Minuten kochen, MantelBrust mit BBQ-Sauce-Mischung. Heiß servieren.

Ernährung:Kalorien: 421Kohlenhydrate: 10.1g Protein: 41,2g

Fett: 23.3g Zucker: 6.9g Natrium: 763mg Ballaststoffe: 0.2g

# Budgetfreundliche Hühnerbeine

Zubereitungszeit: 15 Minuten

Kochzeit: 1 Stunde und 30 Minuten

Portionen: 6

Zutaten:

Für Sole:

• 1 Tasse koscheres Salz

• 3/4 Tasse hellbraun Zucker:

• 16 Tasse Wasser

• 6 Hühnerbeinquartiere

Für Glasur:

• 1/2 Tasse Mayonnaise

• 2 EL BBQ reiben

• 2 EL frischer Schnittlauch, gehackt

• 1 EL Knoblauch, gehackt

Wegbeschreibungen

1.Für Salzlake: in einem Eimer Salz und braunen Zucker

auflösen: in Wasser.

2.Stellen Sie die Hühnerviertel in Salzlake und gekühlt, für ca.

4 Stunden abgedeckt.

3.Stellen Sie die Temperatur des Grills auf 275°F und

vorheizen mit geschlossenem Deckel für 15 Min.

4.Hühnerviertel von Dersole entfernen und unter kaltem

fließendem Wasser ausspülen.

5.Mit Papiertüchern, klopfen trockene Hähnchenquartiere.

6.Für Glasur: in einer Schüssel, fügen Sie alle Zutaten und

mischen, bis gut kombiniert.

7.Mantel Hühnerquartiere mit Glasur gleichmäßig.

8.Stellen Sie das Hähnchenbein viertel auf den Grill und

kochen für ca. 1-11,2 Stunden.

9.Sofort servieren.

Ernährung:

•Kalorien: 399

•Kohlenhydrate: 17.2g

•Protein: 29.1g

•Fett: 24.7g

- Zucker: 14.2g

- Natrium: 15000mg

- Faser: 0g

# Gegrillte süße Cajun Flügel

Zubereitungszeit: 10 Minuten

Kochzeit: 45 Minuten

Portionen: 4-6

Zutaten:

• 2-Pfund-Hühnerflügel

• Schweine- und Geflügelreiben, nach Bedarf

• Cajun-Shake

Wegbeschreibungen:

1. Mantel Flügel in Sweet reiben und Cajun schütteln.

2. Wenn bereit zu kochen, stellen Sie den Traeger-Grill auf 350°F und vorheizen, Deckel für 15 Minuten geschlossen.

3. Kochen Sie für 30 Minuten, bis die Haut braun ist und die Mitte saftig ist und ein Sofortlesethermometer mindestens 165°F liest. Servieren, Genießen!

Ernährung:

Kalorien: 321

Kohlenhydrate: 5g

Protein: 21g

Fett: 21g

# Die Gegrillte Huhn Herausforderung

Zubereitungszeit: 15 Minuten

Kochzeit: 1 Stunde und 10 Minuten

Portionen: 4-6

Zutaten:

•1 (4-lbs.) ganzes Huhn

•Nach Bedarf Hühnerrei

Wegbeschreibungen:

1.Wenn bereit zu kochen, stellen Sie die Temperatur auf 375 °F

dann vorheizen, schließen Sie den Deckel für 15 Minuten.

2.Spülen und trocknen Sie das ganze Huhn (entfernen und

entsorgen Giebel, falls vorhanden). Das gesamte Huhn,

einschließlich des Inneren des Huhns, mit Huhn reiben

würzen.

3.Stellen Sie das Huhn auf den Grill und kochen für 1 Stunde

und 10 Minuten.

4.Entfernen Sie Huhn vom Grill, wenn die Innentemperatur

der Brust 160°F erreicht. Überprüfen Sie die Hitze regelmäßig während der gesamten Zeit, da die Kochzeiten je nach

Gewicht des Huhns variieren.

5.Lassen Sie Huhn ruhen, bis die innere Temperatur der Brust

erreicht 165°F, 15-20 Minuten. Genießen!

Ernährung: Kalorien: 212 Kohlenhydrate: 42,6 g Protein: 6,1 g

Fett: 2,4 g gesättigte Fettsäuren: 0,5g Ballaststoffe: 3,4 g

Zucker: 2,9g

# Hühnerbrust mit Zitrone

Zubereitungszeit: 15min

Kochzeit: 15min Portionen: 6

Zutaten:

•6 Hühnerbrüste, haut- und knochenlos

•1/2 Tasse Öl

•1–2 Frische Thymianzweige

•1 TL gemahlener schwarzer Pfeffer

•2 TL. Salz

•2 TL. Honig

•1 Knoblauchzehe, gehackt

•1 Zitrone den Saft und die Schale

•Für den Service: Zitronenkeile

Wegbeschreibungen:

1.In einer Schüssel thymian, schwarzer Pfeffer, Salz, Honig, Knoblauch und Zitronenschale und Saft kombinieren. Rühren, bis gelöst und kombiniert. Fügen Sie das Öl und Schneebesen zu kombinieren.

2.Reinigen Sie die Brüste und klopfen Sie trocken. Legen Sie

sie in eine Plastiktüte. Gießen Sie die vorgefertigte Marinade

und Massage gleichmäßig zu verteilen. Legen Sie in den

Kühlschrank, 4 Stunden.

3.Den Grill mit geschlossenem Deckel auf 400°F vorheizen.

4.Drain das Huhn und Grill, bis die Innentemperatur erreicht

165°F, etwa 15 Minuten.

5.Servieren Sie mit Zitronenkeile und einer Beilage Ihrer

Wahl.

Ernährung: Kalorien: 230 Protein: 38g Kohlenhydrate: 1g Fett:

7g

# Traeger Geräucherte HühnerBurger

Zubereitungszeit: 20 Minuten

Kochzeit: 1 Stunde und 10 Minuten

Portionen: 6

Zutaten:

•2 Pfund gemahlene Hühnerbrust

•2-3 Tasse fein gehackte Zwiebeln

•1 EL. Koriander, fein gehackt

•2 EL frische Petersilie, fein gehackt

•2 EL Olivenöl

•1/2 TL gemahlener Kreuzkümmel

•2 EL. Zitronensaft frisch gepresst

•3 TL Salz und Paprika nach Geschmack

Wegbeschreibungen:

1.In einer Schüssel alle Zutaten hinzufügen; mischen, bis gut kombiniert.

2.Form die Mischung in 6 Patties.

3.Starten Sie Ihren Traeger-Grill auf SMOKE (Eiche oder Apfeltraegers) mit dem Deckel geöffnet, bis das Feuer festgestellt ist. Die Hitze auf 350°F einstellen und vorheizen, Deckel geschlossen, für 10 bis 15 Minuten.

4.Rauchen Sie die Hühnerburger für 45-50 Minuten oder bis sie durchgegart sind, drehen Sie sich alle 15 Minuten.

5.Ihre Burger sind bereit, wenn die Innentemperatur 165°FServe heiß erreicht.

Ernährung:Kalorien: 221 Kohlenhydrate: 2.12g Fett: 8.5g Ballaststoffe: 0.4g Protein: 32.5g

# Geräuchertes Rindfleisch Brisket in süßund würzigen Rub

Zubereitungszeit: 15 Minuten

Kochzeit: 1 Stunde

Portionen: 10

Zutaten:

• Beef Brisket (6-lbs., 2.7-kgs)

• 1 Tasse Paprika

• 1/2 Tasse Salz

• 1 Tasse brauner Zucker

• 1/2 Tasse Kreuzkümmel

• 1/2 Tasse Pfeffer

• 1/2 Tasse Chilipulver

• 1/4 Tasse Cayennepfeffer

Wegbeschreibungen:

1.Kombinieren Sie Paprika, Salz, braunen Zucker,

Kreuzkümmel, Pfeffer, Chilipulver und Cayennepfeffer in

einer Schüssel und rühren Sie dann, bis sie eingearbeitet sind.

2.Reiben Sie das Rindsbrisket mit der Gewürzmischung und marinieren Sie dann über Nacht. Im Kühlschrank aufbewahren, um es frisch zu halten.

3.Entfernen Sie das Rindsbrisket aus dem Kühlschrank und tauen Sie dann auf, bis es Raumtemperatur erreicht.

4.Den Raucher mit Holzkohle und Hickory-Chips auf 121 °C vorheizen – mit indirekter Wärme. Vergessen Sie nicht, die Hackschnitzel einzuweichen, bevor Sie sie verwenden.

5.Wenn der Raucher die gewünschte Temperatur erreicht hat, wickeln Sie das Rindsbrisket mit Aluminiumfolie ein und legen Sie es dann in den Raucher.

6.Rauchen Sie das gewickelte Rindfleisch brisket für 8 Stunden. Überprüfen Sie die Temperatur jede Stunde dann fügt mehr Holzkohle und Hickory Chips, wenn es notwendig ist.

7.Sobald das geräucherte Rindfleisch brisket fertig ist, entfernen Sie aus dem Raucher dann lassen Sie es für ein paar Minuten sitzen, bis warm.

8.Wrap das geräucherte Rindfleisch brisket dann auf einer ebenen Oberfläche platzieren.

9.Schneiden Sie das geräucherte Rindfleisch brisket in dicke Scheiben dann auf eine Servierschüssel legen.

10.Dienen und genießen.

Ernährung:

• Kalorien: 180

• Kohlenhydrate: 3g

• Fett: 3g

• Protein: 35g

# Einfaches geräuchertes Rindfleisch Brisket mit Mokkasauce

Zubereitungszeit: 15 Minuten

Kochzeit: 1 Stunde

Portionen: 10

Zutaten:

• 5 Pfund Rindfleisch-Brisket

• 1 1/2 EL Knoblauchpulver

• 1 1/2 EL Zwiebelpulver

• 4 EL Salz

• 4 EL Pfeffer

• 2 1/2 EL Olivenöl

• 1 Tasse gehackte Zwiebel

• 2 TL Salz

• 1/4 Tasse gehackte Schokolade dunkel

• 1/4 Tasse Zucker

• 1/2 Tasse Bier

• 2 Schüsse Espresso

Wegbeschreibungen:

1.Reiben Sie das Rindfleisch brisket mit Knoblauchpulver, Zwiebelpulver, Salz und schwarzem Pfeffer.

2.Wrap das gewürzte Rindfleisch brisket mit einem Blatt Plastikfolie dann im Kühlschrank über Nacht lagern.

3.In den Morgen, entfernen Sie das Rindfleisch brisket aus dem Kühlschrank und tauen für etwa eine Stunde.

4.Den Raucher mit Holzkohle und Hickory-Chips auf 121 °C vorheizen – mit indirekter Wärme. Legen Sie das Rindsbrisket in den Raucher und rauchen Sie für 8 Stunden.

5.Halten Sie die Temperatur bei 250°F (121°C) und fügen Sie einige weitere Holzkohle und Hickory Chips, wenn es notwendig ist.

6.In der Zwischenzeit einen Topf bei mittlerer Hitze vorheizen und dann Olivenöl in den Topf gießen.

7.Sobald das Öl heiß ist, in gehackte Zwiebel rühren dann sautieren, bis welk und aromatisch.

8.Reduzieren Sie die Hitze auf niedrig dann fügen Sie die restlichen Sauce Zutaten in den Topf. Gut mischen und dann köcheln lassen.

9.Entfernen Sie die Sauce von der Hitze und legen Sie sie dann beiseite.

10.Wenn das geräucherte Rindfleisch-Brisket fertig ist oder die Innentemperatur 88 °C erreicht hat, entfernen Sie es vom Raucher und dann auf eine Servierschüssel übertragen.

11.Drizzle die Mokkasauce über die geräucherte Rindfleisch brisket dann servieren.

12.Genießen Sie warm.

Ernährung:

• Kalorien: 210

• Kohlenhydrate: 1g

• Fett: 13g

• Protein: 19g

# Gewürztes räuchertes Rindfleisch mit Oregano

Zubereitungszeit: 10 Minuten

Kochzeit: 8 Stunden

Portionen: 10

Zutaten:

- 1 8-Pfund ungetrimmt es

- 6 EL Paprika

- 1/4 Tasse Salz

- 3 EL Knoblauchpulver

- 2 EL Zwiebelpulver

- 1 1/2 EL schwarzer Pfeffer

- 1 1/2 EL getrocknete Petersilie

- 2 1/2 TL Cayennepfeffer

- 2 1/2 TL Kümmel

- 1 1/2 TL Koriander

- 2 TL Oregano

- 1/2 TL heißes Chilipulver

• Vorheizen Sie den Raucher vor dem Rauchen.

• Hackschnitzel während der Raucherzeit hinzufügen.

Wegbeschreibungen:

1.Kochen Sie das Brisket für 6 Stunden.

2.Nach 6 Stunden sinkt die Rauchertemperatur in der Regel auf 77 °C.

3.Nehmen Sie das Brisket aus dem Raucher und wickeln Sie es dann mit Aluminiumfolie.

4.Geben Sie das Brisket an den Raucher zurück und kocht dann wieder für 2 Stunden – dies erhöht die Zärtlichkeit des geräucherten Rindfleisches.

5.Sobald es fertig ist, entfernen Sie das geräucherte Rindfleisch aus dem Raucher dann in eine Servierschüssel legen.

6.Schneiden Sie das geräucherte Rindfleisch in Scheiben dann genießen!

Ernährung:

- Kalorien: 267

- Kohlenhydrate: 0g

- Fett: 21g

- Protein: 20g

# BBQ Sweet Pepper Meatloaf

Zubereitungszeit: 20 Minuten

Kochzeit: 3 Stunden und 15 Minuten

Portionen: 8

Zutaten:

• 1 Tasse gehackte rote Paprika

• 5 Pfund Hackfleisch

• 1 Tasse gehackte grüne Zwiebel

• 1 EL Salz

• 1 EL gemahlener schwarzer Pfeffer

• 1 Tasse Panko Brotkrumen

• 2 EL BBQ reiben und mehr nach Bedarf

• 1 Tasse Ketchup

• 2 Eier

Wegbeschreibungen:

1.Schalten Sie den Traeger-Grill ein, füllen Sie den Grilltrichter

mit Texas Rindfleischmischung aromatist Traegers, schalten

Sie den Grill mit dem Bedienfeld, wählen Sie "Rauch" auf dem

Temperaturzifferblatt, oder stellen Sie die Temperatur auf 225°F und lassen Sie es für mindestens 5 Minuten vorheizen.

2.In der Zwischenzeit, nehmen Sie eine große Schüssel, legen Sie alle Zutaten in sie mit Ausnahme von Ketchup und dann rühren, bis gut kombiniert.

3.Form die Mischung in Fleischlaib und dann mit etwas BBQ reiben bestreuen.

4.Wenn der Grill vorgeheizt ist, öffnen Sie den Deckel, legen Sie Fleischlaib auf den Grillrost, schließen Sie den Grill, und rauchen Sie für 2 Stunden und 15 Minuten.

5.Dann ändern Sie die Rauchtemperatur auf 375 °F, legen Sie ein Lebensmittelthermometer in den Fleischlaib, und kochen für 45 Minuten oder mehr, bis die Innentemperatur des Fleischlaibs erreicht 155°F.

6.Bürsten Sie die Oberseite des Fleischlaibs mit Ketchup und kochen Sie dann für 15 Minuten, bis sie glasiert sind.

7.Wenn fertig, übertragen Sie das Essen auf ein Gericht, lassen Sie es für 10 Minuten ruhen, dann schneiden Sie es in Scheiben und servieren.

Ernährung:

- Kalorien: 160,5

- Fett: 2,8 g

- Kohlenhydrate: 13,2 g

- Protein: 17,2 g

- Faser: 1 g

# Gefülltes Tenderloin

Zubereitungszeit: 15 Minuten

Kochzeit: 3 Stunden

Portionen: 8

Zutaten:

• 1 Schweinefilet

• 12 Scheiben Speck

• 1/4 Tasse Cheddar-Käse

• 1/4 Tasse Mozzarella-Käse

• 1 kleine Zwiebel (fein gehackt)

• 1 Karotte (fein gehackt)

Reiben:

• 1/2 TL granulierter Knoblauch (nicht Knoblauchpulver)

• 1/2 TL Cayennepfeffer

• 1 TL Paprika

• 1/2 TL gemahlener Pfeffer

• 1 TL Chili

• 1/2 TL Zwiebelpulver

•1/4 TL Kreuzkümmel

•1 TL Salz

Wegbeschreibungen:

1.Schmetterling das Schweinefleisch Filetlin und legen Sie

zwischen 2 Plastikfolien. Das Tenderloin gleichmäßig mit

einem Schläger hämmern, bis er 1/2 Zoll dick ist.

2.Legen Sie den Cheddar, Mozzarella, Zwiebel und Karotten

auf ein Ende des flachen Schweinefleisches. Das

Schweinefleisch wie ein Burrito aufrollen.

3.Kombinieren Sie alle Zutaten für das Reiben in einer

Mischschüssel. Reiben Sie die Gewürzmischung über das

Ganze.

4.Wrap das Schweinefleisch mit Speckscheiben.

5.Den Grill 10 bis 15 Minuten auf 275°F vorheizen. Verwenden

Sie Apfel,Hickory oder Mesquite harte Pellets.

6.Stellen Sie das Schweinefleisch auf den Grill und rauchen für

3 Stunden, oder bis die innere Temperatur des

Schweinefleisches erreicht 165°F und die Speckpackung ist

knusprig.

7.Entfernen Sie das Schweinefleisch von der Hitze und lassen

Sie es für etwa 10 Minuten ruhen.

8.Cut in Größen und servieren.

Ernährung:

• Kalorien: 241

• Fett: 14.8g

• Cholesterin: 66mg

• Kohlenhydrate: 2.7g

• Protein: 22.9g

# Maplewood Bourbon BBQ Schinken

Zubereitungszeit: 15 Minuten

Kochzeit: 2 Stunden 30 Minuten

Portionen: 8

Zutaten:

- 1 großer Schinken

- 1/2 Tasse braun Zucker:

- 3 EL Bourbon

- 2 EL Zitrone

- 2 EL. Dijon-Senf

- 1/4 Tasse Apfelsaft

- 1/4 Tasse Ahornsirup

- 1 TL Salz

- 1 TL frisch gemahlener Knoblauch

- 1 TL gemahlener schwarzer Pfeffer

Wegbeschreibungen:

1.Starten Sie Ihren Grill auf einer Raucheinstellung, verlassen

Sie für 5 Minuten, bis das Feuer beginnt.

2.Schließen Sie den Deckel und heizen Sie den Grill auf 325°F vor.

3.Stellen Sie den Schinken auf ein Rauchergestell und legen Sie das Rack auf den Grill. Rauchen Sie 2 Stunden oder bis die Innentemperatur des Schinkens 125°F erreicht.

4.Kombinieren Sie Zucker, Bourbon, Zitrone, Senf, Apfelsaft, Salz, Pfeffer und Ahorn in einem Topf bei mittlerer bis hoher Hitze.

5.Bring Mischung zum Kochen, reduzieren Sie die Hitze und köcheln, bis die Sauce verdickt.

6.Glasieren Sie den Schinken mit Ahornmischung.

7.Erhöhen Sie die Grilltemperatur auf 375°F und kochen Sie weiter, bis die Innentemperatur des Schinkens 140°F erreicht.

8.Entfernen Sie den glasierten Schinken vom Grill und lassen Sie ihn für etwa 15 Minuten ruhen.

9.Cut Schinken in kleine Größen und servieren.

Ernährung:

- Kalorien: 163

- Fett: 4.6g

- Cholesterin: 29mg

- Kohlenhydrate: 19g

- Protein: 8.7g

# Porky Zwiebelsuppe

Zubereitungszeit: 2 Stunden

Kochzeit: 4 Stunden 30 Minuten

Servieren: 6

Zutaten:

•1 vollgestelle Schweineersatzrippen

•2 Packungen Zwiebelsuppenmischung Ihrer Wahl

•BBQ Schweinefleisch Rub

•4 Tassen Wasser

Wegbeschreibungen:

1.Entfernen Sie die weiße Membran des Schweinefleisches

und trimmen Sie überschüssiges Fett

2.Nehmen Sie Ihre Tropfpfanne und fügen Sie Wasser hinzu;

Abdeckung mit Aluminiumfolie. Vorheizen Sie Ihren Raucher

auf 225°F

3.Verwenden Sie Wasser füllen Wasser pfanne auf halbem

Weg und legen Sie es über Tropfpfanne. Hackschnitzel in die

Seitenschale geben

4.Bereiten Sie Ihre Reiben Mischung durch Mischen von Salz, Knoblauchpulver, Pfeffer und Paprika in einer Schüssel

5.Reiben Sie die Rippe mit der Mischung

6.Transfer zum Raucher und Raucher für 2 Stunden

7.Blend 2 Packungen Zwiebelsuppe mit 4 Tassen Wasser

8.Sobald das Rauchen abgeschlossen ist, nehmen Sie eine schwere Aluminiumfolie und übertragen Sie das Fleisch auf die Folie, gießen Sie die Suppenmischung über

9.Versiegeln Sie die Rippen

10.Rauch für weitere 1 und eine 1/2 Stunden

11.Öffnen Sie die Folie vorsichtig und drehen Sie die Rippe, versiegeln Sie sie und rauchen Sie 1 Stunde mehr

12.Slice und servieren!

Ernährung:

• Kalorien: 461

• Fette: 22g

• Kohlenhydrate: 17g

• Faser: 4g

# Schweine in einer Decke

Zubereitungszeit: 10 Minuten

Kochzeit: 45 Minuten

Portionen: 4

Zutaten:

•1 Packung Schweinewurst

•1 Packung Keksteig

Wegbeschreibungen:

1.Vorheizen Sie Ihren Traeger-Grill auf 350°F.

2.Schneiden Sie die Würste und den Teig in Drittel.

3.Wrap den Teig um die Würste. Legen Sie sie auf ein

Backblech.

4.Grill mit einem geschlossenen Deckel für 20-25 Minuten

oder bis sie gekocht aussehen.

5.Nehmen Sie sie heraus, wenn sie goldbraun sind.

6.Serve mit einem Dip Ihrer Wahl.

Ernährung:

- Protein: 9 g

- Fett: 22 g

- Natrium: 732 mg

- Cholesterin: 44 mg

# Geräucherter, kandierter und würziger Speck

Zubereitungszeit: 10 Minuten

Kochzeit: 45 Minuten

Portionen: 4

Zutaten:

• 1 lb. Mittelgeschnittener Speck

• 1/2 Tasse Brauner Zucker

• 1/2 Tasse Ahornsirup

• 1 EL Heiße Sauce

• 1/2 EL. Pfeffer

Wegbeschreibungen:

1. Mischen Sie den Ahornsirup, braunen Zucker, heiße Soße und Pfeffer in einer Schüssel.

2. Vorheizen Sie Ihren Traeger-Grill auf 300°F.

3. Ein Backblech auslegen und die Speckscheiben darauf legen.

4. Großzügig die braune Zuckermischung auf beiden Seiten der Speckscheiben verteilen.

5.Stellen Sie die Pfanne für 20 Minuten auf den Traegergrill.

Drehen Sie die Speckstücke.

6.Lassen Sie sie für weitere 15 Minuten, bis der Speck gekocht

aussieht, und der Zucker geschmolzen ist.

7.Entfernen Sie den Grill und lassen Sie es für 10-15 Minuten

bleiben.

8.Voila! Ihre Speckbonbons sind fertig!

Ernährung: Kohlenhydrate: 37 g Protein: 9 g Natrium: 565 mg

Cholesterin: 49 mg

# Pork Jerky

Zubereitungszeit: 15 Minuten

Kochzeit: 2 Stunden 30 Minuten

Portionen: 12

Zutaten:

•4 Pfund knochenloses, zentriertes Schweinefleisch (mit überschüssigem Fett getrimmt und in 1/4 Zoll dicke Scheiben geschnitten)

Marinade:

•1-3 Tasse Sojasauce

•1 Tasse Ananassaft

•1 EL Reisweinessig

•2 TL schwarzer Pfeffer

•1 TL Paprikaflocken

•5 EL brauner Zucker:

•1 TL Paprika

•1 TL Zwiebelpulver

•1 TL Knoblauchpulver

•2 TL Salz oder nach Geschmack

Wegbeschreibungen:

1.Kombinieren und mischen Sie alle Marinade Zutaten in einer Mischschüssel.

2.Put das in Scheiben geschnittene Schweinefleisch in einem gallonengroßen Reißverschlussbeutel und gießen Sie die Marinade in den Beutel. Massieren Sie die Marinade in das Schweinefleisch. Versiegeln Sie den Beutel und kühlen Sie 8 Stunden.

3.Aktivieren Sie die Pelletgrill-Rauchereinstellung und lassen Sie die Lippe für 5 Minuten offen, bis das Feuer beginnt.

4.Schließen Sie den Deckel und heizen Sie Ihren Pelletgrill auf 180°F vor, mit einem Hickory-Pellet.

5.Entfernen Sie die Schweinescheiben aus der Marinade und klopfen Sie sie trocken mit einem Papiertuch.

6.Ordnen Sie die Schweinescheiben auf dem Grill in einer einzigen Schicht. Rauchen Sie das Schweinefleisch für ca. 2 1/2 Stunden, oft drehen nach der ersten 1 Stunde des

Rauchens. Der Ruck sollte dunkel und trocken sein, wenn es fertig ist.

7.Entfernen Sie den Ruck vom Grill und lassen Sie es für etwa 1 Stunde sitzen, um abzukühlen.

8.Sofort servieren oder in luftdichten Behältern lagern und für die zukünftige Verwendung kühl stellen.

Ernährung:

•Kalorien: 260

•Fett: 11.4g

•Cholesterin: 80mg

•Kohlenhydrate: 8.6g

•Protein: 28.1g

# Gegrillte Carnitas

Zubereitungszeit: 20 Minuten

Kochzeit: 10 Stunden

Portionen: 12

Zutaten:

- 1 TL Paprika

- 1 TL Oregano

- 1 TL Cayennepfeffer

- 2 TL brauner Zucker:

- 1 TL Minze

- 1 EL Zwiebelpulver

- 1 TL Kreuzkümmel

- 1 TL Chilipulver

- 2 EL Salz

- 1 TL Knoblauchpulver

- 1 TL Italienische Würze

- 2 EL Olivenöl.

- 5 Pfund Schweineschulterbraten

Wegbeschreibungen:

1.Trim das Schweinefleisch von überschüssigem Fett.

2.To reiben, die Paprika, Oregano, Cayenne, Zucker, Minze, Zwiebelpulver, Knoblauchpulver, Kreuzkümmel, Chili, Salz und italienische Würze in einer kleinen Rührschüssel kombinieren.

3.Rub alle Seiten des Schweinefleisches mit dem Reiben.

4.Starten Sie Ihren Grill zum Rauchen, lassen Sie den Deckel offen, bis das Feuer beginnt.

5.Schließen Sie den Deckel und heizen Sie den Grill auf 325°F vor, wobei der Deckel für 15 Minuten geschlossen ist.

6.Das Schweinefleisch in eine Folienpfanne geben und die Pfanne auf den Grill legen - etwa 2 Stunden kochen.

7.Nach 2 Stunden, erhöhen Sie die Hitze auf 325°F und rauchen Schweinefleisch für weitere 8 Stunden oder bis die Innere Temperatur des Schweinefleisches erreicht 190°F.

8.Entfernen Sie Schweinefleisch davon und lassen Sie es sitzen, bis es kocht und einfach zu handhaben ist.

9.Shred das Schweinefleisch mit zwei Gabeln.

10.Legen Sie eine gusseiserne Pfanne auf den Grillrost und fügen Sie das Olivenöl hinzu.

11.Fügen Sie das Schweinefleisch und Sear, bis das Schweinefleisch braun und knusprig ist.

12.Entfernen Sie Schweinefleisch von der Hitze und lassen Sie es für ein paar Minuten ruhen. Dienen!

Ernährung:

• Kalorien: 514

• Fett: 41.1g

• Cholesterin: 134mg

• Kohlenhydrate: 1.6g

• Protein: 32g

# Jalapeno Injektion Türkei

Zubereitungszeit: 15 Minuten

Kochzeit: 4 Stunden und 10 Minuten

Portionen: 6

Zutaten:

• 15 Pfund ganze Truthahn, Giblet entfernt

• 1/2 mittelrote Zwiebeln, geschält und gehackt

8 Jalapee-Paprika

• 2 EL gehackter Knoblauch

• 4 EL Knoblauchpulver

• 6 EL. Italienische Würze

• 1 Tasse Butter, weich, ungesalzen

• 1/4 Tasse Olivenöl

• 1 Tasse Hühnerbrühe

Wegbeschreibungen:

1.Öffnen Sie den Trichter des Rauchers, fügen Sie trockene

Paletten hinzu, stellen Sie sicher, dass die Aschedose an Ort und Stelle ist, öffnen Sie dann die Ascheklappe, schalten Sie den Raucher ein und schließen Sie die Ascheklappe.

2.Stellen Sie die Temperatur des Rauchers auf 200°F, lassen Sie für 30 Minuten vorheizen oder bis das grüne Licht auf dem Zifferblatt blinkt, die darauf hinweisen, dass Raucher erreicht hat, um die Temperatur einzustellen.

3.In der Zwischenzeit einen großen Topf bei mittlerer Hitze aufstellen, Öl und Butter hinzufügen und wenn die Butter schmilzt, Zwiebel, Knoblauch und Paprika hinzufügen und 3 bis 5 Minuten oder bis schön goldbraun kochen.

4.Pour in Brühe, gut rühren, lassen Sie die Mischung kochen für 5 Minuten, dann entfernen Sie die Pfanne von der Hitze und belasten Sie die Mischung, um nur flüssigkeit zu bekommen.

5.Pute großzügig mit zubereiteter Flüssigkeit injizieren, dann die Außenseite des Truthahns mit Butterspray besprühen und gut mit Knoblauch und italienischer Würze würzen.

6.Pute auf den Rauchergrill legen, mit Deckel geschlossen, 30 Minuten rauchen, dann die Temperatur auf 325°F erhöhen und den Truthahn 3 Stunden lang weiterrauchen oder bis die Innentemperatur des Truthahns 165°F erreicht.

7.Wenn fertig, Pute auf ein Schneidebrett geben, 5 Minuten ruhen lassen, dann in Scheiben schnitzen und servieren.

Ernährung:

•Kalorien: 131

•Fett: 7 g

•Protein: 13 g

•Kohlenhydrate: 3 g

•Faser: 0,7 g

# Türkei Fleischbällchen

Zubereitungszeit: 40 Minuten

Kochzeit: 40 Minuten

Portionen: 8

Zutaten:

- 1 1/4 lb. gemahlener Truthahn

- 1/2 Tasse Semmelbrösel

- 1 Ei, geschlagen

- 1/4 Tasse Milch

- 1 TL Zwiebelpulver

- 1/4 Tasse Worcestershire Sauce

- Pinch Knoblauchsalz

- Salz und Pfeffer nach Geschmack

- 1 Tasse Cranberry-Marmelade

- 1/2 Tasse Orange Marmelade

- 1/2 Tasse Hühnerbrühe

Wegbeschreibungen:

1.In eine große Schüssel, mischen Sie den gemahlenen Truthahn, Semmelbrösel, Ei, Milch, Zwiebelpulver, Worcestershire-Sauce, Knoblauchsalz, Salz und Pfeffer.

2.Form Fleischbällchen aus der Mischung.

3.Den Traeger-Grill 15 Minuten lang auf 350°F vorheizen, während der Deckel geschlossen ist.

4.Fügen Sie die Putenfleischbällchen in eine Backform.

5.Stellen Sie die Backform auf den Grill.

6.Cook für 20 Minuten.

7.In eine Pfanne bei mittlerer Hitze, köcheln Sie den Rest der Zutaten für 10 Minuten.

8.Fügen Sie die gegrillten Fleischbällchen in die Pfanne.

9.Mantel mit der Mischung.

10.Cook für 10 Minuten.

Ernährung:

•Kalorien: 37

•Fette: 1.8 g

•Cholesterin: 10 mg

- Kohlenhydrate: 3,1 g

- Faser: 0.6 g

- Zucker: 1.3g

- Protein: 2,5 g

# Gegrillter Filet Mignon

Zubereitungszeit: 10 Minuten

Kochzeit: 20 Minuten

Portionen: 1

Zutaten:

•Salz

•Pfeffer

•3 Filet Mignon

Wegbeschreibungen:

1.Vorheizen Sie Ihren Grill auf 450°F.

2.Season das Steak mit einer guten Menge an Salz und Pfeffer, um seinen Geschmack zu verbessern.

3.Platz auf dem Grill und Flip nach 5 Minuten.

4.Grill beide Seiten für jeweils 5 Minuten.

5.Nehmen Sie es heraus, wenn es gekocht aussieht und servieren Sie mit Ihrer Lieblings-Beilage.

Ernährung:

- Kohlenhydrate: 0 g

- Protein: 23 g

- Fett: 15 g

- Natrium: 240 mg

- Cholesterin: 82 mg

# Buttery Apple Geräuchert eturkey

Zubereitungszeit: 30 Minuten

Kochzeit: 6 Stunden

Portionen: 1

Zutaten:

•1 ganze Türkei (10-lbs., 4.5-kgs)

The Rub

•2 EL. Gehackter Knoblauch

•2 1/2 EL. Salz

Die Füllung

•1 1/2 EL. Knoblauchpulver

•1 1/2 EL. Schwarzer Pfeffer

•1 Tasse Butter

•1 Tasse Ungesüßter Apfelsaft

•2 Frische Äpfel

•1 Tasse gehackte Zwiebel

Wegbeschreibungen:

1.Einen Raucher auf 107°C mit Holzkohle und Hickory-

Holzhackschnitzeln vorheizen.

2.Reiben Sie den Truthahn mit Salz und gehacktem Knoblauch

und legen Sie ihn beiseite.

3.Danach die Äpfel in Würfel schneiden und dann mit

Knoblauchpulver, schwarzem Pfeffer, Butter und gehackten

Zwiebeln kombinieren.

4.Gießen Sie den ungesüßten Apfelsaft über die Füllmischung

und dann gut mischen.

5.Füllen Sie den Putenhohlraum mit der Füllmischung und

bedecken Sie den Truthahn dann mit Aluminiumfolie.

6.Stellen Sie den Raucher ein, sobald der Raucher bereit ist,

und rauchen Sie ihn 10 Stunden lang oder bis die

Innentemperatur 82 °C erreicht hat. Vergessen Sie nicht, den

Rauch zu überprüfen und fügen Sie mehr Hackschnitzel,

wenn es notwendig ist.

7.Wenn der Truthahn fertig ist, entfernen Sie ihn vom Raucher

und lassen Sie ihn dann für ein paar Minuten ruhen.

8.Wrap den Truthahn dann legen Sie es auf einer ebenen Oberfläche.

9.Schneiden Sie den Truthahn in Stücke oder Scheiben dann servieren.

10.Genießen.

Ernährung:

• Kohlenhydrate: 37 g

• Protein: 9 g

• Natrium: 565 mg

• Cholesterin: 49 m

# Gegrilltes Steak mit American Cheese Sandwich

Zubereitungszeit: 10 Minuten

Kochzeit: 55 Minuten

Portionen: 4

Zutaten:

• 1 Pfund Rindersteak.

• 1/2 TL Salz nach Geschmack.

• 1/2 TL Pfeffer nach Geschmack.

• 1 EL Worcestershire-Sauce.

• 2 EL Butter.

• 1 gehackte Zwiebel.

• 1/2 gehackte grüne Paprika.

• Salz und Pfeffer nach Geschmack.

• 8 Scheiben Amerikanischer Käse

• 8 Scheiben Weißbrot.

• 4 EL Butter.

Wegbeschreibungen:

1.Drehen Sie Ihren Traeger Smoker und Grill, um für etwa vier bis fünf Minuten zu rauchen und zu feuern. Stellen Sie die Temperatur des Grills auf 450°F ein und lassen Sie ihn etwa zehn bis fünfzehn Minuten mit geschlossenem Deckel vorheizen.

2.Weiter, legen Sie eine Anti-Stick-Pfanne auf dem Rost und vorheizen für etwa fünfzehn Minuten, bis es heiß wird. Einmal heiß, die Butter einrühren und schmelzen lassen. Sobald die Butter schmilzt, fügen Sie in den Zwiebeln und grünen Paprika dann kochen für etwa fünf Minuten, bis sie braun in der Farbe werden, beiseite stellen.

3.Weiter, immer noch mit der gleichen Pfanne auf dem Rost, fügen Sie in das Steak, Worcestershire Sauce, Salz und Pfeffer zu schmecken, dann kochen für etwa fünf bis sechs Minuten, bis es durchgegart ist. Fügen Sie in der gekochten Paprika-Mischung; rühren, um dann für weitere drei Minuten erhitzen, beiseite stellen.

4.Verwenden Sie ein scharfes Messer, um das Brot in die Hälfte zu schneiden, Butter jede Seite dann Grill für etwa drei bis vier Minuten mit seinen Seiten nach unten. Zum Zusammenbauen, fügen Sie Scheiben Käse auf jede Brotscheibe, top mit der Steak-Mischung dann Ihre Lieblings-Toppings, schließen Sie das Sandwich mit einer anderen Brotscheibe dann servieren.

Ernährung:

• Kalorien: 589

• Kohlenhydrate: 28g

• Protein: 24g

• Fett: 41g

• Faser: 2g

# Gemüse und vegetarische

# Rezepte

# Traeger Kaltgeräucherter Käse

Zubereitungszeit: 5 Minuten

Kochzeit: 2 Minuten

Portionen: 10

Zutaten:

• Eis

• 1 Aluminium-Pfanne, Full-Size und Einweg

• 1 Aluminiumpfanne, halbgroße und Einweg-

• Zahnstocher

• Ein Blockkäse

Wegbeschreibungen:

1. Den Traeger auf 165°F vorheizen, wenn der Deckel 15

Minuten geschlossen ist.

2. Stellen Sie die kleine Pfanne in die große Pfanne. Füllen Sie

die Umgebung der kleinen Pfanne mit Eis.

3. Legen Sie den Käse in die kleine Pfanne auf Zahnstocher

dann legen Sie die Pfanne auf den Grill und schließen Sie den

Deckel.

4.Rauchkäse für 1 Stunde, Kippen Sie den Käse, und rauchen Sie für 1 weitere Stunde mit dem Deckel geschlossen.

5.Entfernen Sie den Käse vom Grill und wickeln Sie ihn in Pergamentpapier. Im Kühlschrank für 2 3 Tage aufbewahren, damit der Rauchgeschmack sanft ist. Aus dem Kühlschrank nehmen und servieren. Genießen.

Ernährung: Kalorien: 1910 Fett: 7g gesättigte Fettsäuren: 6g

Kohlenhydrate: 2g Netto Kohlenhydrate: 2g Protein: 6g

Zucker: 1g Ballaststoffe: 0g Natrium: 340mg Kalium: 0mg

# Rauchgegrillte Aubergine

Zubereitungszeit: 10 Minuten

Kochzeit: 10 Minuten

Portionen: 4

Zutaten:

• 1 Aubergine (groß)

• 4 EL Kokosnuss-Aminos

• 2 EL Avocadoöl

• 2 TL Kreuzkümmel (gemahlen)

• 2 TL geräucherter Paprika

• 2 TL Koriander (gemahlen)

• 2 TL Kreuzkümmel (gemahlen)

• 1/2 TL Cayennepfeffer

• 1/2 TL Knoblauchpulver

• 1/2 TL Meersalz

Wegbeschreibungen:

1.Schneiden Sie die Aubergine längs in 1/4-Zoll-Scheiben. Die

Auberginenscheiben mit den Kokos-Aminos und dem

Avocadoöl beträchen und bürsten. In einer kleinen

Rührschüssel die Gewürze kombinieren. Streuen Sie die

Mischung auf die Scheiben auf beiden Seiten, um

sicherzustellen, dass sie vollständig beschichtet sind. Den Grill

auf mittlere Hitze vorheizen und die Scheiben aufstellen.

Grillen Sie jede Seite für 3 Minuten, bis sie zart werden. Vom

Grill nehmen und genießen.

Ernährung:Kalorien: 62 Fett: 1.5g aturated Fett: 0.2g

Kohlenhydrate: 11.6g Protein: 1.6g Calcium: 23mg Kalium:

337mg Eisen: 1mg

# Geräucherte Kirschtomaten

Zubereitungszeit: 15 Minuten

Kochzeit: 1 Stunde

Portionen: 7 Tomaten

Zutaten:

• 25 Kirschtomaten

• 1/8 Tasse Basilikum (gehackt)

• 1/8 Tasse Ziegenkäse (zerbröselt)

• 1 EL Essig (balsamisch)

• 2 EL Olivenöl

• 1 EL Wasser

• Pfeffer

• Salz

Wegbeschreibungen:

1. Der erste Schritt ist das Spülen der Tomaten mit Wasser. Die Kirschtomaten in eine Ziploc-Tasche geben.

2.Fügen Sie den Balsamico-Essig, Basilikum, Käse, Olivenöl, Pfeffer und Salz in der gleichen Ziploc-Tasche. Schütteln Sie den Inhalt der Tasche und kühlen Sie für 2 Stunden.

3.Sobald die Tomaten fertig sind, machen Sie eine Folientasche mit Aluminiumfolie. In die Tomaten geben und in die Marinade gießen. Fügen Sie eine EL Wasser in die Tasche und versiegeln Sie es.

4.Heizen Sie Ihren Raucher auf 225F vor.

5.Put die Folienpackung mit den Tomaten in den Raucher, Rauchen für eine Stunde.

6.Entfernen Sie die Tomaten aus dem Raucher, wenn sie fertig sind.

7.Top mit restlichem Ziegenkäse und Basilikum.

Ernährung:

• Kalorien: 72

• Fett: 4g

• Protein: 3g

• Kohlenhydrate: 8g

- Zucker: 3g

- Faser: 5g

- Calcium: 200g

- Vitamin C: 21,5mg

- Vitamin A: 150IU

- Eisen: 7,9mg

# Geräucherter Eichel Squash

Zubereitungszeit: 15 Minuten

Kochzeit: 2 Stunden Portionen: 6

Zutaten:

•3 halbierter Eichel-Kürbis (gesät)

•1/4 Tasse Butter

•1/4 Tasse brauner Zucker

•1 TL Zimt

•3 TL Olivenöl (Extra jungfräulich)

•1 TL Muskatnuss

•1 TL Chilipulver

Wegbeschreibungen:

1.Bürsten Sie den Kürbis mit Olivenöl.

2.Machen Sie eine Folientasche mit Aluminiumfolie und legen Sie in die Squashhälften. Verriegeln Sie die Folientasche und stechen Sie Löcher auf die Folie, um Rauch durch sie zu lassen.

3.Vorheizen Raucher auf 225F.

4.Stellen Sie die Folie auf das Rack in den Raucher und rauchen Sie für 1,5 Stunden bis 2 Stunden. Entfernen Sie die Folie aus dem Raucher, wenn sie fertig ist, und lassen Sie sie für 10 Minuten ruhen.

5.In einen Topf, Butter, Gewürze und Zucker hinzufügen. Die Butter bei geringer Hitze schmelzen und umrühren. Servieren Sie einen Löffel davon mit jeder Hälfte.

Ernährung: Kalorien: 149 Fett: 10g Protein: 2g Kohlenhydrate: 14g

# Geräucherter Kohl

Zubereitungszeit: 15 Minuten

Kochzeit: 1 Stunde

Portionen: 4

Zutaten:

•1 Kohl

•1/4 Tasse Olivenöl

•Knoblauchpulver

•Schwarzer Pfeffer

•Kosher Salz

Sauce Zutaten:

•1/4 Tasse Koriander

•2 Knoblauchzehen (gehackt)

•2 grüne Zwiebeln (aufgeteilt in grüne Teile & weiße Teile)

•Limettensaft (2 Limetten)

•1 Jalapeno (gehackt)

•1 grüne Birne (gehackt)

•2 EL Olivenöl

• 2 EL Buttermilch

• 1 EL Mayonnaise

• 1 TL schwarzer Pfeffer

• 1 TL Meersalz

Wegbeschreibungen:

1. Heizen Sie Ihren Raucher auf 250°F vor

2. Peel von den äußeren Kohlblättern und verwenden Sie ein Messer, um 4 Viertel zu schneiden.

3. Die 4 Viertel mit Olivenöl überziehen, mit Pfeffer und Salz würzen.

4. Stellen Sie die Kohlviertel auf das Tablett und rauchen Sie mit der Keilseite für 20 Minuten. Drehen Sie die Kohlviertel auf eine Keilseite und rauchen Sie für 20 Minuten und tun Sie das gleiche für die andere verbleibende Seite, Rauchen für weitere 20 Minuten.

5. Entfernen Sie den Kohl einmal gut gekocht.

6.Put alle Sauce Zutaten in einem Mixer und Prozess. Sie können seine Konsistenz anpassen, indem Sie die flüssigen Zutaten hinzufügen, um Ihre Präferenz zu erhalten.

7.Genießen Sie!

Ernährung:

• Kalorien: 303

• Protein: 3g

• Fett: 23g

• Sat Fett: 3g

• Kohlenhydrate: 22g

• Zucker: 12g

• Faser: 7g

• Natrium: 1236mg

• Kalium: 457mg

• Calcium: 110mg

• Vitamin C: 91,1mg

• Vitamin A: 390IU

# Traeger geräuchertes Gemüse

Zubereitungszeit: 5 Minuten

Kochzeit: 15 Minuten Portionen: 6

Zutaten:

• 1 Ohrmais, frisch, Schalen und Seidenstränge entfernt

• 1 gelber Squash, in Scheiben geschnitten

• 1 rote Zwiebel, in Keile geschnitten

• 1 grüner Pfeffer, in Streifen geschnitten

• 1 roter Pfeffer, in Streifen geschnitten

• 1 gelber Pfeffer, in Streifen geschnitten

• 1 Tasse Pilze, halbiert

• 2 EL Öl

• 2 EL Hühnerwürze

Wegbeschreibungen:

1. Einweichen Sie die Pecan Traeger in Wasser für eine Stunde.

Entfernen Sie die Traegers aus dem Wasser und füllen Sie die

Raucherbox mit den nassen Traegers. Legen Sie die

Raucherbox unter den Grill und schließen Sie den Deckel.

Erhitzen Sie den Grill bei großer Hitze für 10 Minuten oder bis Rauch aus den Hackschnitzeln aussteigt.

2.In der Zwischenzeit werfen Sie das Gemüse in Öl und Gewürze dann übertragen sie in einen Grillkorb.

3.Grill für 10 Minuten beim Drehen gelegentlich. Servieren und genießen.

Ernährung: Kalorien: 97 Fett: 5g Gesättigte Fettsäuren: 2g Kohlenhydrate: 11g Netto Kohlenhydrate: 8g Protein: 2g Zucker: 1g Ballaststoffe: 3g Natrium: 251mg Kalium: 171mg

# Traeger Grill Spicy Sweet Potatoes

Zubereitungszeit: 10 Minuten

Kochzeit: 35 Minuten

Portionen: 6

Zutaten:

• 2 Pfund Süßkartoffeln, in Stücke geschnitten

• 1 rote Zwiebel, gehackt

• 2 EL Öl

• 2 EL Orangensaft

• 1 EL gerösteter Zimt

• 1 EL Salz

• 1/4 EL. Chipotle Chili-Pfeffer

Wegbeschreibungen:

1. Den Traeger-Grill mit geschlossenem Deckel auf 425°F vorheizen.

2. Werfen Sie die Süßkartoffeln mit Zwiebeln, Öl und Saft.

3. In einer Rührschüssel Zimt, Salz und Pfeffer mischen und dann die Mischung über die Süßkartoffeln streuen.

4.Die Kartoffeln auf einer gefütterten Backform in einer

einzigen Schicht verteilen.

5.Stellen Sie die Backform in den Grill und Grill für 30

Minuten oder bis die Süßkartoffeln zart sind.

6.Dienen und genießen.

Ernährung: Kalorien: 145 Fett: 5g gesättigte Fettsäuren: 0g

Kohlenhydrate: 23g Netto Kohlenhydrate: 19g Protein: 2g

Zucker: 3g Ballaststoffe: 4g Natrium: 428mg Kalium: 230mg

# Traeger Gegrillter mexikanischer Straßenmais

Zubereitungszeit: 5 Minuten

Kochzeit: 25 Minuten

Portionen: 6

Zutaten:

- 6 Ohren Mais auf dem Kolben

- 1 EL Olivenöl

- Koscheres Salz und Pfeffer nach Geschmack

- 1/4 Tasse Mayo

- 1/4 Tasse saure Sahne

- 1 EL Knoblauchpaste

- 1/2 EL Chilipulver

- Pinch gemahlener roter Pfeffer

- 1/2 Tasse Coria-Käse, zerbröselt

- 1/4 Tasse Koriander, gehackt

- 6 Kalkkeile

Wegbeschreibungen:

1.Bürsten Sie den Mais mit Öl.

2.Bestreuen Sie mit Salz.

3.Stellen Sie den Mais auf einen Traeger-Grill set bei 350°F. Kochen Sie für 25 Minuten, wie Sie es gelegentlich drehen.

4.Mittlerweile mischen Mayo, Sahne, Knoblauch, Chili und Paprika, bis gut kombiniert.

5.Lassen Sie es für einige Minuten ruhen dann mit der Mayo-Mischung bürsten.

6.Sprinkle Hüttenkäse, mehr Chilipulver und Koriander. Mit Kalkkeilen servieren. Genießen.

Ernährung:

• Kalorien: 144

• Fett: 5g

• Gesättigtes Fett: 2g

• Kohlenhydrate: 10g

• Netto Kohlenhydrate: 10g

• Protein: 0g

• Zucker: 0g

- Faser: 0g

- Natrium: 136mg

- Kalium: 173mg

# Geräucherter Brokkoli

Zubereitungszeit: 10 Minuten

Kochzeit: 30 Minuten

Portionen: 4

Zutaten:

•2 Köpfe Brokkoli

•Kosher Salz

•2 EL Pflanzenöl

•Frischer Pfeffer (gemahlen)

Wegbeschreibungen:

1.Heizen Sie Ihren Raucher auf 350°F vor.

2.Trennen Sie die Blüten von den Köpfen.

3.Beschichten Sie den Brokkoli mit Pflanzenöl durch Werfen.

Danach mit Salz und Pfeffer abschmecken.

4.Mit einem Grillkorb legen Sie den Brokkoli auf den Rost des

Rauchers und rauchen für 30 Minuten oder bis knusprig.

5.Genießen Sie!

Ernährung:

- Kalorien: 76

- Fett: 7g

- Gesättigtes Fett: 1.3g

- Protein: 1.3g

- Kohlenhydrate: 3.1g

# Fisch & Meeresfrüchte

# Rezepte

# Rosmarinforelle

Zubereitungszeit: 10 Minuten

Kochzeit: 5 Stunden

Portionen: 8

Zutaten:

• 1 (7-Pfund) ganze Seeforelle, gebuttert

• 1/2 Tasse koscheres Salz

• 1/2 Tasse frischer Rosmarin, gehackt

• 2 TL Zitronenschale, fein gerieben

Wegbeschreibungen:

1.Die Forelle großzügig mit Salz bereiben und dann mit

Rosmarin und Zitronenschale bestreuen.

2.Die Forelle in einer großen Backform anordnen und ca. 7-8

Stunden kühl stellen.

3.Entfernen Sie die Forelle von der Backform und spülen Sie

unter kaltem fließendem Wasser, um das Salz zu entfernen.

4.Mit Papiertüchern, die Forelle vollständig trocknen.

5.Ordnen Sie ein Drahtgestell in einer Blechwanne an. Die

Forelle auf das Drahtgestell legen, die Haut seitlich nach

unten legen und ca. 24 Stunden kühl stellen.

6.Vorheizen Sie die Z Grills Traeger Grill & Smoker auf Grill

einstellung auf 180°F, mit Holzkohle.

7.Legen Sie die Forelle auf den Grill und kochen für ca. 2-4

Stunden oder bis die gewünschte Getanheit.

8.Entfernen Sie die Forelle vom Grill und legen Sie sie vor

dem Servieren für ca. 5 Minuten auf ein Schneidebrett.

Ernährung:

• Kalorien: 633

• Fett: 31,8 g

• Gesättigtes Fett: 7,9 g

• Cholesterin: 153 mg

• Natrium: 5000 mg

• Kohlenhydrate: 2,4 g

• Faser: 1,6 g

• Zucker 0 g

• Protein: 85,2 g

# Sesamsamen-Flunder

Zubereitungszeit: 15 Minuten

Kochzeit: 2 1/2 Stunden

Portionen: 4

Zutaten:

• 1/2 Tasse Sesamsamen, geröstet

• 1/2 TL koschere Salzflocken

• 1 EL Rapsöl

• 1 TL Sesamöl

• 4 (6-Unzen) Flunderfilets

Wegbeschreibungen:

1. Preheat die Z Grills Traeger Grill & Smoker auf Grill einstellung auf 225°F.

2. Mit einem Mörtel und Stößel, sesame Samen mit koscherem Salz leicht zerkleinern.

3. In eine kleine Schüssel, mischen Sie beide Öle.

4. Mantel Fischfilets mit Ölmischung großzügig und dann mit Sesam-Mischung reiben.

5.Fischfilets auf das untere Rack des Grills legen und ca. 2-2

1/2 Stunden kochen.

6.Entfernen Sie die Fischfilets vom Grill und servieren heiß.

Ernährung: Kalorien: 343 Fett: 16,2 g gesättigte Fettsäuren: 2,3

g Cholesterin: 116 mg Natrium: 476 mg Kohlenhydrate: 4,2 g

Ballaststoffe: 2,1 g Zucker 0,1 g Protein: 44,3 g

# Einfach Mahi-Mahi

Zubereitungszeit: 10 Minuten

Kochzeit: 10 Minuten

Portionen: 4

Zutaten:

•4 (6-Unzen) Mahi-Mahi Filets

•2 EL Olivenöl

•Salz und gemahlener schwarzer Pfeffer, nach Bedarf

Wegbeschreibungen:

1.Preheat die Z Grills Traeger Grill & Smoker auf Grill

Einstellung auf 350°F.

2.Fischfilets mit Olivenöl beschichten und mit Salz und

schwarzem Pfeffer gleichmäßig abschmecken.

3.Legen Sie die Fischfilets auf den Grill und kochen Sie ca. 5

Minuten pro Seite.

4.Entfernen Sie die Fischfilets vom Grill und servieren heiß.

Ernährung:

•Kalorien: 195 Fett: 7 g

- Gesättigtes Fett: 1 g

- Cholesterin: 60 mg

- Natrium: 182 mg

- Kohlenhydrate: 0 g

- Faser: 0 g

- Zucker 0 g

- Protein: 31.6g

# Citrus Soja Tintenfisch

Zubereitungszeit: 15 Minuten Kochzeit: 45 Minuten

Portionen: 4 Zutaten:

•1 Tasse Mirin

•1 Tasse Sojasauce

•1/3 Tasse Yuzu-Saft oder frischer Zitronensaft

•2 Tassen Wasser

•2 Pfund Tintenfisch Tentakel links ganz; Körper

kreuzundschundsch geschnitten 1 Zoll dick

Unverträglichkeiten:

•Glutenfrei

•Eifrei

•Laktosefrei

Wegbeschreibungen:

1.In eine Schüssel, mischen Sie mirin, Sojasauce, Yuzu-Saft
und Wasser.

2.Put ein wenig von der Marinade in einen Behälter und
kühlen Sie es für die spätere Verwendung.

3.Fügen Sie den Tintenfisch mit dem Rest der Marinade in die Schüssel und lassen Sie ihn für etwa 30 Minuten sitzen oder für 4 Stunden gekühlt.

4.Richten Sie den Grill ein. Entleeren Sie den Tintenfisch.

5.Grill bei mittlerer Hitze, drehen einmal bis weiß alle durch für 3 Minuten.

6.Serve heiß.

Ernährung: Kalorien: 110 Fett: 6g Kohlenhydrate: 6g Protein: 8g

# Rub und Saucen Rezepte

# Geräucherte Knoblauchsauce

Zubereitungszeit: 5 Minuten

Kochzeit: 30 Minuten

Portionen: 2

Zutaten:

• 3 ganze Knoblauchköpfe

• 1/2 Tasse Mayonnaise

• 1/4 Tasse saure Sahne

• 2 EL Zitronensaft

• 2 EL Apfelessig

• Salz nach Geschmack

Wegbeschreibungen:

1.Schneiden Sie die Knoblauchköpfe ab und legen Sie sie in eine Mikrowellen-sichere Schüssel; 2 EL Wasser hinzufügen und abdecken. Mikrowelle für ca. 5-6 Minuten auf Medium.

2.Heizen Sie Ihren Grill auf Medium.

3.Stellen Sie die Knoblauchköpfe in eine flache "Boot"-Folie und rauchen Sie für etwa 20-25 Minuten, bis sie weich sind.

4.Transfer die Knoblauchköpfe in einen Mixer. Verarbeiten Sie

für ein paar Minuten, bis glatt.

5.Fügen Sie die verbleibenden Zutaten hinzu und verarbeiten

Sie, bis alles kombiniert ist.

Ernährung: Kalorien: 20 Fett: 0g Kohlenhydrate: 10g Protein:

0g Ballaststoffe: 1g

# Käse und Brot

## Traeger-Grill Fladenbrot Pizza

Zubereitungszeit: 10 Minuten

Kochzeit: 20 Minuten

Portionen: 3

Zutaten:

Teig

• 2 Tassen Mehl

• 1 EL Salz

• 1 EL Zucker

• 2 EL Hefe

• 6 Unzen warmes Wasser

Toppings

• Grüne/rote Paprika

• 1/2 Knoblauch

- Zucchini

- 1/2 Zwiebel

- Olivenöl

- 5 Speckstreifen

- 1 Tasse halbierte gelbe Kirschtomaten

- Sliced Jalapenos

- Geschnittene grüne Oliven

- Sliced Kalamata Oliven

- Ziegenkäse

- Zum Nieselregen: Balsamico-Essig

Wegbeschreibungen:

1. Kombinieren Sie alle Teigzutaten in einer Standmixerschüssel. Mischen, bis der Teig glatt und elastisch ist. Teilen Sie in 3 gleiche Kugeln.

2. Rollen Sie jede Teigkugel mit einem Nudelholz in eine dünne Runde genug, um eine 12-Zoll-Fähigkeit passen.

3. Fettdie Pfanne mit Olivenöl.

4.In der Zwischenzeit, drehen Sie Ihren Traeger Grill auf

Rauch für etwa 4-5 Minuten mit dem Deckel geöffnet. Drehen

Sie sich zu hoch und vorheizen für etwa 10-15 Minuten mit

dem Deckel geschlossen.

5.Sobald fertig, arrangieren Paprika, Knoblauch, Zucchini,

und Zwiebel auf dem Grill Rost dann mit Öl und Salz

tränzeln. Überprüfen Sie bei 10 Minuten. Nun zucchini vom

Grill nehmen und Speck hinzufügen. Weiter kochen für

weitere 10 Minuten, bis Speck fertig ist.

6.Übertragen Sie die Toppings auf ein Schneidebrett, um

abzukühlen. Tomaten, Jalapenos und Oliven hacken.

7.Bürsten Sie Ihre Kruste mit Öl und zerschlagen Knoblauch

mit einer Gabel über die Kruste. Abschmieren sorgfältig nicht

die Kruste zu reißen.

8.Fügen Sie Toppings zur Kruste in der Pfanne hinzu.

9.Stellen Sie die Pfanne auf den Grill und kochen für etwa 20

Minuten bis braune Kanten.

10.Wiederholen Sie dies für die anderen Krusten.

11.Jetzt jeweils mit Essig und Scheibe betränkt.

12.Servieren und genießen.

Ernährung:Kalorien: 342 Fett: 1.2g Gesättigte Fettsäuren: 0.2g

Kohlenhydrate: 70.7g Netto Kohlenhydrate: 66.8g Protein:

11.7g Zucker: 4.2g Ballaststoffe: 3.9g Natrium: 2333mg

Kalium: 250mg

# Mangobrot

Zubereitungszeit: 15 Minuten

Kochzeit: 1 Stunde

Portionen: 4

Zutaten:

•21/2 Tasse gewürfelte reife Mangos

•2Tassen Allzweckmehl

•1 TL Backpulver

•1 TL Backpulver

•2eier (geschlagen)

•1 TL Zimt

•1 TL Vanilleextrakt

•1/2 TL Muskatnuss

•3/4 Tasse Olivenöl

•3/4 Tasse Zucker

•1 EL Zitronensaft

•1/2 TL Salz

•1/2 Tasse gehackte Datteln

Wegbeschreibungen:

1.Starten Sie Ihren Grill im Rauchmodus und lassen Sie die Lippe für 5 Minuten geöffnet, oder bis das Feuer beginnt.

2.Schließen Sie den Deckel und heizen Sie den Grill auf 350°F für 15 Minuten vor, mit Erle hart Traegers.

3.Grease eine 8 mal 4-Zoll-Laib-Pfanne.

4.In einer Rührschüssel Mehl, Backpulver, Backpulver, Zimt, Salz und Zucker kombinieren.

5.In eine weitere Rührschüssel, das Ei, den Zitronensaft, das Öl und die Vanille zusammenrühren.

6.Gießen Sie die Eiermischung in die Mehlmischung und mischen Sie, bis Sie gut kombiniert.

7.Fold in den Mangos und Daten.

8.Gießen Sie die Mischung in die Laibpfanne und legen Sie die Pfanne in den Grill.

9.Stellen Sie die Laibpfanne direkt auf den Grill backen für etwa 50 bis 60 Minuten oder bis ein Zahnstocher in der Mitte des Brotes eingeführt kommt sauber.

10.Nach dem Backzyklus die Laibpfanne vom Grill nehmen und das Brot in ein Drahtgestell geben, um es vollständig abzukühlen.

11.Slice und servieren.

Ernährung:

•Kalorien: 856

•Fett: 41,2 g

•Gesättigtes Fett: 6,4 g

•Cholesterin: 82 mg

•Natrium: 641 mg

•Kohlenhydrate: 118,9 g

• Faser: 5,5 g

•Zucker: 66,3 g

•Protein: 10,7 g

# Nuss, Obst und Dessert

# Gegrillter geschichteter Kuchen

Zubereitungszeit: 10 Minuten

Kochzeit: 14 Minuten

Portionen: 6

Zutaten:

• 2 x Pfund Kuchen

• 3 Tassen Schlagsahne

• 1/4 Tasse geschmolzene Butter

• 1 Tasse Heidelbeeren

• 1 Tasse Himbeeren

• 1 Tasse in Scheiben geschnittene Erdbeeren

Wegbeschreibungen:

1. Den Grill mit einem geschlossenen Deckel zu hoch heizen.

2. Schneiden Sie den Kuchen Laib (3/4 Zoll), etwa 10 pro Laib. Bürsten Sie beide Seiten mit Butter.

3. Grill für 7 Minuten auf jeder Seite. Beiseite.

4. Einmal abgekühlt vollständig beginnen Schichtung Ihren Kuchen. Kuchen, Beeren dann Sahne geben.

5.Bestreuen Sie mit Beeren und servieren.

Ernährung:

•Kalorien: 160

•Protein: 2.3g

•Kohlenhydrate: 22g

•Faser: 0g

•Fett: 6g

# Zimtzucker Kürbiskerne

Zubereitungszeit: 30 Minuten

Kochzeit: 30 Minuten

Portionen: 8-12

Zutaten:

•2 EL Zucker

•Samen aus einem Kürbis

•1 TL Zimt

•2 EL geschmolzene Butter

Wegbeschreibungen:

1.Fügen Sie Traegers zu Ihrem Raucher hinzu und folgen Sie dem Startverfahren Ihres Kochers. Heizen Sie Ihren Raucher vor, wenn der Deckel geschlossen ist, bis er 350°F erreicht.

2.Reinigen Sie die Samen und zerscheten Sie sie in die geschmolzene Butter. Fügen Sie sie dem Zucker und Zimt hinzu. Verteilen Sie sie auf einem Backblech, legen Sie sie auf den Grill und rauchen Sie 25 Minuten.

3.Dienen.

Ernährung:

- Kalorien: 127

- Protein: 5mg

- Kohlenhydrate: 15g

- Faser: 0g

- Fett: 21g

# Lamm Rezepte

# Traeger Gegrilltes Bein von Lammsteak

Zubereitungszeit: 10 Minuten

Kochzeit: 10 Minuten

Portionen: 4

Zutaten:

•4 erreicht Lammsteaks, Bone-in

•1/4 Tasse Olivenöl

•4 Knoblauchzehen, gehackt

•1 EL Rosmarin, frisch gehackt

•Salz und Pfeffer nach Geschmack

Wegbeschreibungen:

1.Ordnen Sie das Steak in einer Schüssel in einer einzigen

Schicht. Das Fleisch mit Öl, Knoblauch, frischem Rosmarin,

Salz und Pfeffer bedecken.

2.Flip das Fleisch auf allen Seiten zu beschichten und lassen

Sie es marinieren. Für 30 Minuten.

3.Vorheizen Sie Ihren Traeger und leicht ölen die Roste

kochen das Fleisch auf dem Grill, bis gut gebräunt auf beiden

Seiten und die Innentemperatur erreicht 140°F.

4.Dienen und genießen.

Ernährung:

• Kalorien: 327.3 Fett: 21.9g

• Kohlenhydrate: 1.7g Protein: 29.6g

• Zucker: 0.1g Ballaststoffe: 0.2g

• Natrium: 112,1mg

• Kalium: 409,8mg

# Traeger Knoblauch Rack Lamm

Zubereitungszeit: 45 Minuten

Kochzeit: 3 Stunden Portionen: 4

Zutaten:

• Lamb Rack

• 1 TL Basilikum

• 1 TL Oregano

• 10 Kurbeln Pfeffermühle

• 3 Unzen Marsala Wein

• 3 Unzen Cram Sherry

• Olivenöl

• 3 Unzen. Madeira Wein

• 3 Unzen Balsamico-Essig

• 1 TL Rosmarin

Wegbeschreibungen:

1.Fügen Sie alle Zutaten in eine Reißverschlusstasche und

dann gut mischen, um eine Emulsion zu bilden.

2.Legen Sie das Rack Lamm in den Beutel die Freigabe die ganze Luft, wie Sie die Marinade über das Lamm reiben.

3.Lassen Sie es in der Tasche für ca. 45 Minuten bleiben

4.Lassen Sie den Traeger Grill auf 250°F vorgeheizt und kochen Sie das Lamm für 3 Stunden, wie Sie auf beiden Seiten drehen.

5.Stellen Sie sicher, dass die Innentemperatur bei 165 °F ist, bevor Sie sie vom Grill entfernen.

6.Lassen Sie für ein paar Minuten abkühlen dann servieren und genießen.

Ernährung:Kalorien: 291 Eiweiß: 26 g Fett: 21 g

# Traeger Geschmort Lammschaft

Zubereitungszeit: 20 Minuten

Kochzeit: 4 Stunden

Portionen: 6

Zutaten:

•4 Lammschäfte

•Olivenöl nach Bedarf

•1 Tasse Rinderbrühe

•1 Tasse Rotwein

•4 frische Thymian und Zweige

Wegbeschreibungen:

1.Saison Lammschafte mit Prime Rippe reiben dann ruhen lassen.

2.Bekommen Sie die Traeger GrillTemperatur auf hoch eingestellt dann kochen Sie die Lammschäfte für etwa 30 Minuten.

3.Stellen Sie die Schäfte direkt auf das Grilltor und kochen Sie dann für weitere 20 Minuten, bis sie auf der Außenseite gebräunt sind.

4.Transfer die gekochten Lammschäfte in einen holländischen Ofen, dann gießen Rindfleischbrühe, Kräuter und Wein. Bedecken Sie es mit einem passenden Deckel, dann legen Sie es wieder auf den Grillrost und lassen Sie es bei einer reduzierten Temperatur von 325°F kochen. Brace die Lammschäfte für etwa 3 Stunden oder bis die Innentemperatur auf 180°F kommt. Entfernen Sie den Deckel einmal fertig, dann auf einem Teller zusammen mit den angesammelten Säften servieren und genießen.

Ernährung: Kalorien: 312 Protein: 27 g Fett: 24 g

# Vorspeisen und Seiten

# Himbeer- und Blaukäsesalat

Zubereitungszeit: 5 Minuten

Kochzeit: 20 Minuten

Portionen: 4

Zutaten:

• 1 1/2 EL Olivenöl

• 1 1/2 TL Rotweinessig

• 1/4 TL. Dijon-Senf

• 1/8 TL Salz

• 1/8 TL Pfeffer

• 5 Tassen gemischte Baby-Grüns

• 1/2 Tasse Himbeeren

• 1/4 Tasse gehackte geröstete Pekannüsse

• 1 Unze Blaukäse

Wegbeschreibungen:

1. Join Olivenöl, Essig, Dijon Senf, Salz und Pfeffer.

2. Include gemischte Säugling Grüns; Zu.

3. Top mit Himbeeren, Walnüssen und blauem Cheddar.

Ernährung:

- Kalorien: 133

- Fett: 12.2g

- Natrium: 193mg

# Knusprige Zucchini-Chips

Zubereitungszeit: 15 Minuten

Kochzeit: 25 Minuten

Portionen: 4

Zutaten:

•1/3 Tasse Vollkorn-Panko

•3 EL ungekochter Amaranth

•1/2 TL Knoblauchpulver

•1/4 TL koscheres Salz

•1/4 TL frisch gemahlener schwarzer Pfeffer

•1 Unze Parmesankäse, fein gerieben

•12 Unzen Zucchini, in

•1/4 Zoll dicke Scheiben

•1 EL Olivenöl Kochspray

Wegbeschreibungen:

1.Herd auf 425° vorheizen. Verbinden Sie die ersten 6 Zutaten in einem flachen Gericht. Zucchini und Öl in einer großen Schüssel verbinden; gut zu beschichten. Zucchini in Panko-

Mischung graben, zärtlich quetschen, um zu folgen. Spot

bedeckte Schnitte auf einem Ofenproof Drahtgestell mit einer

Kochdusche bedeckt; Legen Sie das Rack auf ein

Vorbereitungsblech oder Marmelade bewegen Schale.

2.Heat bei 425°Für 26 Minuten oder bis gekocht und frisch.

Servieren Sie Chips sofort.

Ernährung: Kalorien: 132 Fett: 6.5g Protein: 6g Kohlenhydrate:

14g Zucker: 2g

# Gegrillte grüne Zwiebeln und Orzo und süße Erbsen

Zubereitungszeit: 5 Minuten

Kochzeit: 15 Minuten Portionen: 4

Zutaten:

•3/4 Tasse Vollweizen-Orzo

•1 Tasse gefrorene Erbsen

•1 Bund grüne Zwiebeln, getrimmt

•1 TL Olivenöl

•1/2 TL geriebene Zitronenschale

•1 EL Zitronensaft

•1 TL Olivenöl

•1/4 TL Salz

•1 Unze rasiert Montego Käse

Wegbeschreibungen:

1.Planen Sie Orzo, wie durch Überschriften angegeben, Salz und Fett zu entsorgen. Fügen Sie Erbsen in den letzten 2 Minuten des Kochens; Kanal.

2.Warm eine Fischbrut Pfanne über hohe Wärme. Unerfahrene

Zwiebeln mit 1 TL Olivenöl würfeln. Kochen Sie 2 Minuten

auf jeder Facette. Zwiebeln spalten; upload auf orzo.

Zitronenhaut, Zitronensaft, 1 TL Olivenöl und Salz enthalten;

Werfen. Mit rasiertem Manchego Cheddar bestreuen.

Ernährung: Kalorien: 197 Fett: 5.6g Natrium: 204mg

# Traditionelle Rezepte

## Buttered Turkey

Zubereitungszeit: 15 Minuten

Kochzeit: 4 Stunden

Portionen: 16

Zutaten:

• 1/2 Pfund Butter, weich

• 2 EL frischer Thymian, gehackt

• 2 frische Rosmarin, gehackt

• 6 Knoblauchzehen, zerkleinert

• 1 (20-Pfund) ganze Pute, Hals und Giebel entfernt

• Salz und gemahlener schwarzer Pfeffer, nach Bedarf

Wegbeschreibungen:

1.Vorheizen Sie den Traeger Grill & Smoker auf

Raucheinstellung auf 300°F, mit Holzkohle.

2.In eine Schüssel, Butter, frische Kräuter, Knoblauch, Salz und schwarzen Pfeffer geben und gut vermischen.

3.Mit den Fingern, trennen Sie die Putenhaut von der Brust, um eine Tasche zu erstellen.

4.Füllen Sie die Brusttasche mit 1/4-Zoll dicke Schicht Buttermischung.

5.Den Truthahn mit Salz und schwarzem Pfeffer gleichmäßig würzen.

6.Ordnen Sie den Truthahn auf den Grill und kochen für 3-4 Stunden.

7.Entfernen Sie Truthahn vom Palettengrill und legen Sie sie auf ein Schneidebrett für ca. 15-20 Minuten vor dem Schnitzen.

8.Mit einem scharfen Messer, schneiden Sie den Truthahn in gewünschte Größe Stücke und servieren.

Ernährung:

Kalorien: 965

Fett: 52 g

Gesättigte Fettsäuren: 19.9 g

Cholesterin: 385 mg

Natrium: 1916 mg

Kohlenhydrate: 0.6 g

Faser: 0,2 g

Zucker: 0 g

Protein: 106,5 g

# Glasierte Türkei Brust

Zubereitungszeit: 15 Minuten

Kochzeit: 4 Stunden

Portionen: 6

Zutaten:

•1/2 Tasse Honig

•1/4 Tasse trockener Sherry

•1 EL Butter

•2 EL frischer Zitronensaft

•Salz, nach Bedarf

•1 (3-31/2-Pfund) hautlose, knochenlose Putenbrust

Wegbeschreibungen:

1.In eine kleine Pfanne, legen Sie Honig, Sherry und Butter bei geringer Hitze und kochen, bis die Mischung glatt wird, unter ständigem Rühren.

2.Entfernen Sie von der Hitze und rühren Sie Zitronensaft und Salz. Beiseite stellen, um abzukühlen.

3.Transfer die Honigmischung und Putenbrust in einem verschließbaren Beutel.

4.Versiegeln Sie die Tasche und schütteln Sie gut zu beschichten.

5.Kühlen für ca. 6-10 Stunden.

6.Vorheizen Sie den Traeger Grill & Smoker auf Grilleinstellung auf 225-250°F.

7.Legen Sie die Putenbrust auf den Grill und kochen Sie für ca. 2 1/2-4 Stunden oder bis zur gewünschten Getanheit.

8.Entfernen Sie die Putenbrust vom Palettengrill und legen Sie sie vor dem Schneiden für ca. 15-20 Minuten auf ein Schneidebrett.

9.Mit einem scharfen Messer, schneiden Sie die Putenbrust in gewünschte Große Scheiben und servieren.

Ernährung:

Kalorien: 443

Fett: 11,4 g

Gesättigte Fettsäuren: 4.8 g

Cholesterin: 159 mg

Natrium: 138 mg

Kohlenhydrate: 23,7 g

Faser: 0,1 g

Zucker: 23,4 g

Protein: 59,2 g

CPSIA information can be obtained
at www.ICGtesting.com
Printed in the USA
BVHW010901310721
613188BV00022B/184